Ein Buch der

Admiral
auf Alant

JOSEF REICHHOLF

Wir tun was

für unsere Schmetterlinge

Herausgegeben
von Gunter Steinbach

Heidewiesen-Bläuling

Josef H. Reichholf, Jahrgang 1945, ist Zoologe und Ökologe; Leiter der Abteilung für Faunistik und Ökologie an der Zoologischen Staatssammlung München, Professor für Naturschutz an der Technischen Universität München, Vorsitzender des Wissenschaftlichen Beirates beim WWF-Deutschland. Seit vielen Jahren in der Schmetterlingsforschung (Doktorarbeit über Wasserschmetterlinge) und im Naturschutz tätig.

Autor von 25 Büchern und von über 350 wissenschaftlichen Arbeiten.

In der Reihe „Wir tun was" ist von Josef H. Reichholf ferner erschienen:

Wir tun was für unsere Eidechsen und Schlangen.

Pfauenauge

88/ 90

© 1987 by Franz Schneider Verlag GmbH
8000 München 46 · Frankfurter Ring 150
Alle Rechte vorbehalten
Umschlagbild: Dieter Mettelsiefen, Berlin
Umschlaggestaltung: Adolf Bachmann, Reischach
Fotos der Farbseiten:
H. Schrempp: S. 33; W. Zepf: S. 34, 35, 37; alle anderen G. Steinbach
Schwarzweißfotos:
Prof. Dr. J. Reichholf: S. 42; H. Schrempp: S. 48, 49; alle anderen G. Steinbach
Illustrationen:
A. Dauenhauer: S. 19 u. l.; S. Dauenhauer: S. 6, 19 u. r.; alle anderen Fritz Wendler, Weyarn
Redaktion: René Rilz
Herstellung: Manfred Prochnow
Satz/Druck: Presse-Druck Augsburg
ISBN: 3 505 09509-5
Bestell-Nr.: 9509

Inhalt

Zum Buch

Wann sahst du einen Schwalbenschwanz, wo einen Trauermantel? Kennst du diese Schmetterlinge überhaupt aus eigener Beobachtung oder nur noch aus Büchern? Sicher ist, daß es von den großen, farbenprächtigen Tagfaltern unserer Heimat weit mehr gedruckte Bilder als lebende Tiere gibt. Wo einst Wiesenblumen, Schmetterlinge und Vögel die Fluren belebten, sorgen heute H-Milch-Tüten, Fanta-Dosen, Limoflaschen, Silberpapier und Plastiktüten für Farben in der bedrängten Landschaft. So schafft unsere Wegwerfgesellschaft Überfluß auf der einen, Mangel auf der anderen Seite. Papier, Plastik und Blech vermehren wir auf Kosten der freien Natur und ihrer Lebewesen.

Der tägliche Weg meiner ersten Schuljahre führte mich durch die Wiesen eines Berghanges ins Tal der Konstanzer Ache. Der einzige Klassenraum unserer Zwergschule mußte alle acht Klassen auf einmal beherbergen. Wir kamen von Mai bis September barfuß, manchmal brachte ich meinen Dackel mit. Es gab damals in den ersten Nachkriegsjahren wenig Brot, im Dorf keine Teerstraße und keine Autos. Aber es gab auf unserem morgendlichen Schulweg eine verschwenderische Fülle bunter Blumen, Schmetterlinge und Vögel. Schwalbenschwanz, Trauermantel und viele andere Falter waren an Sommertagen nichts Besonderes.

Der Wohlstand erreichte auch dieses Tal. Wer hätte ihn nicht gewünscht? Die Pferde der Bauern wurden durch Traktoren ersetzt, die Feldwege durch Teerstraßen, die Wiesenblumen durch Wirtschaftsgrün. Schwalbenschwanz und Trauermantel verschwanden. Niemand verlor darüber ein Wort. Man sah den Zusammenhang nicht (1950 gab es in der BRD eine Million PKW, 1980 25 Millionen). Die Kinder, die heute mit dem Schulbus eingesammelt und in die nächste Stadt geschaufelt werden, kennen viele Schmetterlinge meiner Kindheit nicht mehr. Sie wissen nicht, was sie verloren haben. Deshalb ist es wichtig, wenigstens auf Papier und immer wieder an sie zu erinnern. Eine Woche, bevor ich dies schrieb, flog ein Schachbrettfalter auf den Rechen, mit dem ich Gras für unsere Kühe einholte. Wir beide, der Schmetterling und ich, befreundeten uns nach wenigen Minuten. Der Falter setzte sich auf Schuhe und Hosen, er landete nach kleinen Ausflügen mehrmals auf meiner ausgestreckten Hand. Ich hielt die Begegnung mit dem Fotoapparat fest, bei einigen Bildern mußte ich ihn mit einer Hand bedienen (Seite 39). Daß es noch Falter gibt, läßt uns hoffen – und verpflichtet uns. Josef Reichholf, Naturforscher und Naturschützer, sagt euch, was ihr für sie tun könnt. G.S.

Die große Verwandlung

In den Brennesselstauden hinten in der Gartenecke tut sich was. Einige der sonst so saftstrotzenden Blätter hängen schlaff herab. Manche sind bis auf die Mittelrippe zerfressen. Ein lockeres Gespinst überzieht sie. Schwärzliche Kotbällchen hängen darin. Ein paar größere Blätter sind dachförmig gerollt. Vorsichtig umgedreht, geben sie ihr Geheimnis preis: große, schwarzblau glänzende und über und über mit spitzen Dornen besetzte Raupen. Feine silberweiße Punkte befinden sich zwischen den gefährlich aussehenden Stacheln. Bei leichter Berührung schlagen die kleinen Tiere wild um sich. Es sind die Raupen des Tagpfauenauges (Farbbilder auf Seite 34). Sie halten sich während der heißen Mittagsstunden auf der Unterseite der Brennesselblätter verborgen. Erst später fressen sie. Die mit Säure gefüllten Brennhaare der Nesseln scheinen ihnen nichts auszumachen. Mit kräftigen Kiefern schneiden sie Stück für Stück aus

Raupe des Pfauenauges auf Brennesselblättern

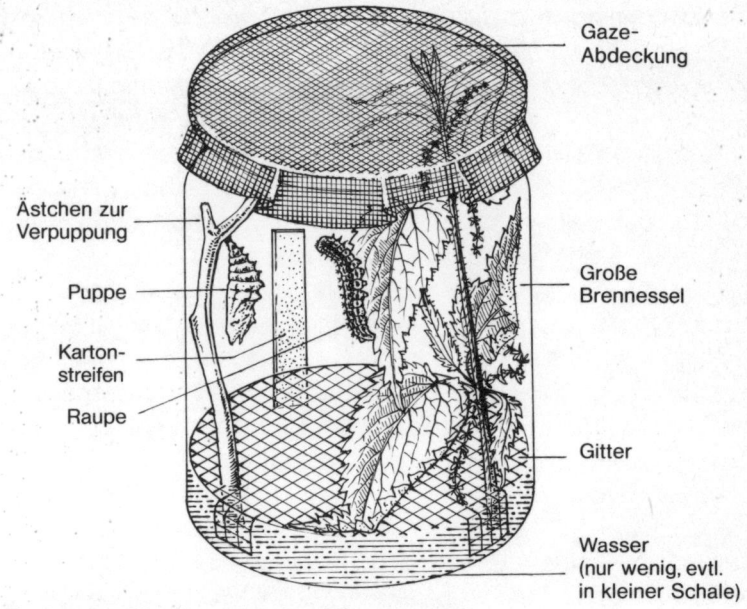

Gaze-Abdeckung

Ästchen zur Verpuppung

Puppe

Karton-streifen

Raupe

Große Brennessel

Gitter

Wasser (nur wenig, evtl. in kleiner Schale)

Zuchtglas für Raupen des Pfauenauges

den Blättern. Erstaunlich schnell zerlegen sie ein Blatt bis zum Skelett.

Man kann die Raupen des Tagpfauenauges auch am Hopfen finden. Aber die Brennesseln sind ihre bevorzugte Futterpflanze. Mancher Gartenbesitzer mag sich solche kleinen Helfer schon gewünscht haben, wenn die Nesseln allzu üppig wucherten.

Möchtest du selbst erleben, was aus diesen Raupen wird? Sie sind gar nicht so »häßlich«, wie sie vielleicht auf den ersten Blick aussehen. Und du kannst sie ganz leicht züchten! Besorge dir dazu ein großes Einmachglas, ein Drahtgitter und etwas Gaze. Daraus bastelst du ein Raupenzuchtgefäß. Noch besser ist ein kleiner, an den Seiten und oben mit Maschendraht bespannter Holzkäfig. Die Zeichnung zeigt dir, wie so etwas aussieht.

Nun schneidest du einige frische Brennesselstengel ab und steckst sie so durchs Bodengitter, daß sie ins Wasser hineinreichen. Das füllst du aber erst ein, wenn dein Zuchtkäfig fertig ist. Das Gitter schützt die Raupe davor, ins Wasser zu fallen.

Auch im Holzkäfig stellst du die Brennesseln in ein Glas Wasser. Die Pflanzen bleiben dann länger frisch und schmecken den Raupen besser. Am besten wären Brennesseln, die in einem Blumentopf eingewurzelt wachsen können.

Hast du alles gut vorbereitet, dann schneidest du vorsichtig einige von den Stauden ab, an denen sich die Raupen aufhalten. Es sollten nicht mehr als 3 bis 4 sein. Tagpfauenaugen mögen kein Gedränge. Bald werden sie sich an den Ortswechsel gewöhnen und mit dem Fressen beginnen. Du darfst deine Zucht nur nicht dauernd in die Sonne stellen! Tag für Tag wachsen die Raupen heran. Wenn sie das Fressen einstellen, steht eine Häutung bevor. Dann schlüpft nach einer Zeit der Ruhe und Unlust die Raupe aus ihrer alten Haut, streckt sich und ist so wieder ein Stück länger geworden. Mit etwa 5 cm Länge kommt bei der Häutung aber keine Raupe mehr hervor, sondern eine Puppe. Die Raupe hat sich dazu einen geeigneten Platz gesucht: einen dicken Stengel oder einen Winkel im Zuchtkäfig. Das Glasgefäß sollte deshalb rechtzeitig vor der Verpuppung der Raupen einen rauhen Kartonstreifen bekommen. An ihm können sich die Tiere zur Puppenruhe festhaften.

Es ist richtig spannend, die Verpuppung zu beobachten. Die Raupe scheint hinter dem Kopf zu platzen. Ein dorniges, eckiges Gebilde schiebt sich hervor, wobei der Raupenkörper wie unter großen Schmerzen um sich schlägt. Nach einigem Hin und Her fällt die alte Raupenhaut ab. Nun ist die Puppe ganz frei. Sie haftet mit der Spitze des Hinterleibes fest an ihrer Unterlage, und der Kopf hängt nach unten. Bei genauer Betrachtung kannst du an ihr schon die Anlage der Flügel, ein wenig auch den Kopf und die Ringe des Hinterleibes erkennen. Auf der nach oben gerichteten Bauchseite ragen zwei Reihen kurzer, spitzer Dornen hervor. Sobald die leere Raupenhaut abgefallen ist, rührt sich die Puppe nur noch wenig. Nur bei Berührung zuckt sie ganz plötzlich. Sonst ist sie unbewegt. Aber in ihrem Innern tut sich um so mehr. Jetzt werden die Organe des einstigen Raupenkörpers »eingeschmolzen« und umgebaut. Nach und nach entsteht ein ganz anders gestaltetes Lebewesen, das mit der Raupe oder der starren Puppe überhaupt keine Ähnlichkeit mehr hat: der Falter. Seine fortschreitende Entwicklung deutet sich durch zarte Verfärbungen an. Aber noch heißt es, geduldig warten. Schreib genau auf, wann sich die einzelnen Raupen verpuppt haben. Dann weißt du, wie lange es dauert, bis sich der Schmetterling voll ausgebildet hat und schlüpfen kann. Das hängt auch von der Temperatur ab. Ist es warm, geht die Entwicklung schneller als bei kühlem Wetter. Wenn die Flügel durchzuschimmern beginnen und ruckartige Bewegungen einsetzen, ist es soweit! Die Puppe reißt am Rücken auf, und heraus schiebt sich ein unglaublich zartes Gebilde – der Falter. Seine Flügel sind noch feucht und faltig. Doch dann scheinen sie geradezu wie im Zeitlupentempo zu wachsen. Immer länger werden sie, bis sie schließlich voll entbreitet sind. Jetzt trocknen sie, und schon kann der »neugeborene« Schmetterling fliegen. Eine feine Marmorierung überzieht die samtschwarzen Flügelunterseiten. Sind die Flügel zusammengeklappt, bilden sie, von oben betrachtet, kaum mehr als einen dunklen Strich. Aber wenn sie aufschlagen, zeigen sie ihre ganze Pracht. Jeder Flügel trägt ein wundervolles »Auge« aus gelben und blauen Farbtönen. Im Vorderflügel wirkt ein dunkler Mittelfleck wie eine Pupille. Die dunkle Umrahmung verstärkt den augenartigen Eindruck. So ist »Pfauenauge« ein recht treffender Name für diesen Falter. Wer es nicht weiß, würde es kaum glauben, daß er aus einer dornigen, schwarzen Raupe hervorgegangen ist.

Die Raupe – das Freßstadium

Welchen Sinn hat diese Verwandlung? Warum muß dem schönen bunten Falter ein so abweichendes »Freßstadium« vorausgehen? Schau dir dazu den Kopf des Falters genauer an. Eine Lupe hilft dir dabei. In der Vergrößerung erkennst du die beiden kugeligen Augen, die fast den ganzen Kopf einnehmen. Sie setzen sich aus sehr vielen kleinen Einzelaugen zusammen. Die Wissenschaft bezeichnet sie daher als »Komplexaugen«. Mit ihnen können die Falter sehr gut Helligkeitsunterschiede wahrnehmen und Bewegungen verfolgen. Aber die Qualität der Bilder, die solche Augen erzeugen, ist deutlich schlechter als die der Pupillenaugen von Wirbeltieren und Menschen. Für den Falter reicht diese Sinnesleistung aus; er braucht nicht die Einzelheiten zu erkennen, die wir mit unseren Augen sehen. Seine Welt der Blüten und Düfte ist einfacher; seine Lebensweise stellt keine so hohen Ansprüche an sein Sehvermögen. Unter den Augen des Schmetterlings erkennst du den spiralig aufgerollten Rüssel. Berührst du mit einem zuckerwassergetränkten Pinsel ganz vorsichtig die Vorderbeine deines Pfauenauges, dann beginnt es seinen Rüssel vorzustrecken. Es tastet nach der Quelle der Süße.

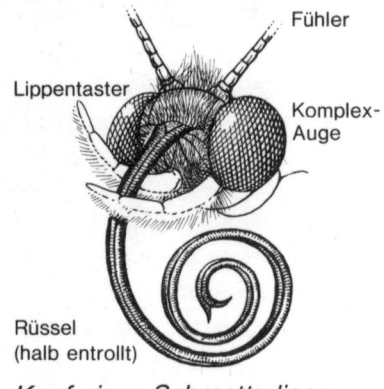

Fühler

Lippentaster

Komplex-Auge

Rüssel (halb entrollt)

Kopf eines Schmetterlings

Draußen in der Natur findet es solche süßen Stoffe im Nektar.

Die Zuckerarten, welche dieser Nektar enthält, reichen dem Falter für sein oft nur wenige Tage dauerndes Leben. Zum Heranwachsen würde diese Nahrung nicht ausreichen. Dazu fließt diese Nahrungsquelle zu spärlich und zu unregelmäßig. Außerdem kann das Insekt nur dann viele Blüten besuchen, wenn es zu fliegen vermag. Dazu sind nur die voll ausgewachsenen Stadien in der Entwicklung der Insekten in der Lage. Zum Heranwachsen brauchen diese Tiere mehr und andere Nahrung, die neben den Zuckerstoffen auch Eiweiß und Fett in ausreichendem Umfang enthalten muß. Durch den »Trick« mit der Raupe kommen die Schmetterlinge an das Futter, das sie brauchen. Mit ihren feinen Rüsseln könnten sie es nicht mehr aufnehmen. Die Raupen tragen nämlich kräftige Kiefer am Kopf, mit denen sie auch harte Pflanzen an- oder aufbeißen. Das grob zerkaute Pflanzengewebe schleusen sie durch ihren Darm. Die brauchbaren, zum Wachstum notwendigen Stoffe werden dort aufgenommen, und der unbrauchbare Ballast erscheint in Form der Kotbällchen wieder, die du schon auf den Brennesselblättern gesehen hast. Eine Raupe muß sehr viel Nahrung zu sich nehmen, bis sie groß genug geworden ist, um sich zu verpuppen. Dabei speichert sie auch die Nährstoffe, die später der Schmetterling benötigt. Der Nektar, den er trinkt, ist nur ein Zusatztrunk – seine Nahrungsreserven hat er vom Raupenstadium mitbekommen. Davon bilden die Weibchen ihre Eier aus.

Tatsächlich begeben sich die frisch geschlüpften Männchen auch sofort auf die Suche nach einem Weibchen, sobald sie fliegen können. Der Falter ist also das Fortpflanzungsstadium des Insekts. Seine Flügel tragen ihn dorthin, wohin die Raupe mit ihren Stummelbeinen nie hätte gelangen können: auf die Blüten des Sommerflieders, an den Rand der Wasserpfütze, wo es noch etwas Feuchtigkeit gibt, und – das wichtigste – zum Partner. Raupe und Schmetterling teilen sich so das Leben auf. Die Puppe, die als scheinbares Ruhestadium dazwischenliegt, vollbringt das Wunder der Umwandlung. Bei äußerlicher Ruhe ist sie in Wirklichkeit höchst aktiv. Sie baut den einfachen Raupenkörper um und macht daraus den höchst kompliziert gestalteten Schmetterling. Man nennt dies eine »vollständige Verwandlung«.

Raupenformen
(linke Seite Tagfalter)

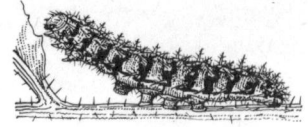

Distelfalter

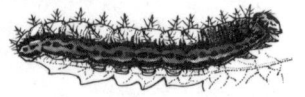

C-Falter

Kleiner Fuchs

Landkärtchen

Admiral

Kaisermantel

Trauermantel

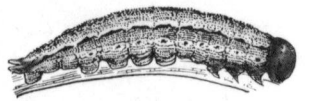

Schachbrett

Großer Schillerfalter

Kleiner Feuerfalter

Schwarzgefleckter Bläuling

Kommafalter

Ligusterschwärmer

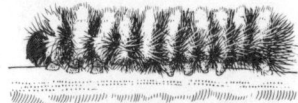

Weißfleck-Widderchen

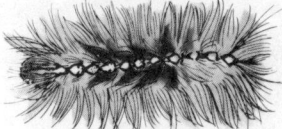

Ahorneule

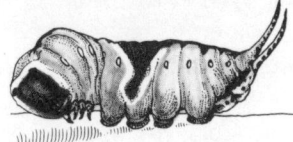

Großer Gabelschwanz

Kamelspinner

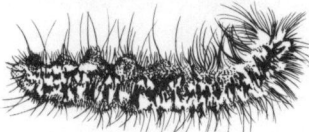

Kiefernspinner

Streckfuß

Zickzack-Spinner

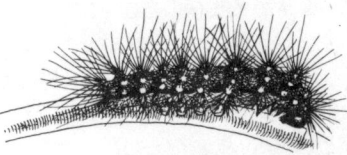

Brauner Bär

Frostspanner

Nonne

Vollständiger als von der plumpen Raupe zum flugfähigen Falter könnte sie wohl kaum sein! Alle Schmetterlinge zeigen diesen im Sinne der Entwicklungsgeschichte fortschrittlichen Ablauf ihrer Lebensstufen. Man rechnet sie daher zu den am höchsten entwickelten Insekten.

Vielfalt auf Brennesseln

Ein Raupennest an den Nesseln im Garten bringt nicht nur Tagpfauenaugen hervor. Auch die Raupen anderer bei uns häufiger Schmetterlinge ernähren sich von dieser buchstäblich mit Vorsicht zu genießenden Pflanze. Eher noch häufiger als Pfauenaugenraupen findet man die kleineren, gelbgestreiften Raupen des Kleinen Fuchses. Sie sind ähnlich stachelig, leben aber mehr in »Nestern« beisammen. So groß wie die Pfauenaugenraupen werden die Raupen des Admirals. Sie tragen gelbe Stacheln und einen gelben Streifen an den Körperseiten. Der Falter zeichnet sich durch eine leuchtend karminrote bis rotgelbe Binde aus, die sich vom Außenrand der Hinterflügel über die Mitte des Vorderflügels zum Kopf hinzieht. In der schwarzen Vorderflügelspitze liegen weiße Flecken. Besonders schön ist das Muster auf der Unterseite der Flügel. Damit ist die Reihe der »Brennesselfalter« aber noch lange nicht erschöpft. Landkärtchen und Distelfalter kommen hinzu. Stehen die Brennesseln im Schatten, unter Bäumen oder Gebüsch, dann findest du vielleicht auch tütenförmig zusammengerollte Blätter mit einem feinen Gespinst. Wer nicht aufpaßt, wird diese Tüten nur leer vorfinden. Aber ein paar Kotballen verraten, daß sie vor kurzem noch bewohnt waren. Sie dienten den Raupen von Brennesselzünslern als Wohnung und Nahrung zugleich. Bei Störungen lassen sich diese sattgrünen, nur wenig behaarten Raupen sofort zu Boden fallen. Ein dünner, kaum sichtbarer Gespinstfaden verbindet sie mit ihrer Wohnröhre. Nach einiger Zeit können sie wieder zurückkehren. Diese Raupen tun gut daran, so empfind-

Brennesselhorst am Gartenrand

lich auf Störungen zu reagieren, denn kein dichter Dornen- und Stachelpanzer schützt sie. Insektenfressende Vögel schätzen diese Raupen sehr und versuchen sie zu erbeuten, wo immer sie können. Die Raupen des Tagpfauenauges, des Kleinen Fuchses oder des Admirals dagegen sind vor solchen Freßfeinden aus der Vogelwelt durch ihre Stacheln gut geschützt. Sie brauchen sich deshalb nicht sonderlich zu verbergen.

Häufige Falter auf Brennesseln
links: Admiral, rechts: Kleiner Fuchs

Winzige Wespen als Feinde

Vor den Vögeln geschützt zu sein, ist für eine Raupe noch keine Lebensversicherung. Mancher wird zu seinem Erstaunen und Entsetzen feststellen müssen, daß mit seiner so interessanten und schön eingerichteten Raupenzucht etwas nicht stimmt. Die Raupen häuten sich nicht mehr, sie werden schlaff und träge. Oder sie verpuppen sich zwar noch, aber auf das Schlüpfen der schönen Falter wartest du vergebens. Vielmehr wimmelt es im Zuchtgefäß plötzlich von winzig kleinen Wespen.

Wo das geschah, waren Schlupf- und Erzwespen am Werk. Sie gehören zu den größten Feinden der Schmetterlinge. Denn mit großer Findigkeit entdecken sie die Raupen – manchmal schon die Eier – und die Puppen. Die Wespenweibchen stechen diese an und legen ihre Eier in sie hinein. Die Larven dieser parasitischen Wespen fressen dann die Raupen oder Puppen von innen her aus. Anstelle der Falter schlüpfen die Schmarotzer – und begeben sich gleich auf die Suche nach neuen Opfern. So gemein dir das vorkommen mag, so wichtig sind diese Parasiten aber im Haushalt der Natur. Denn sie verhindern, daß sich die Schmetterlinge unter günstigen Umständen zu sehr vermehren. Ein Übermaß an Raupen müßte bald den Bestand ihrer Futterpflanzen gefährden, so daß sich die ungebremst vermehrenden Tiere ihre Lebensgrundlage zerstören würden. Durch ein Netzwerk von Freßfeinden hält die Natur das Gleichgewicht der Tierarten aufrecht.

Wer kennt die Arten?

Das Pfauenauge, den Kleinen Fuchs und den Admiral lernst du als »Brennessel-Schmetterlinge« leicht kennen. Auch die Kohlweißlinge sind dir vertraut. Überall fliegen sie in den Gärten und Anlagen, über Wiesen und Felder.

Aber schau einmal genau hin: Alle Tagpfauenaugen oder Admiräle, die du findest, sehen gleich aus. Nur die Intensität ihrer

Färbung wechselt, je nachdem, ob du frisch geschlüpfte oder schon mehrere Tage alte, »abgeflogene« Falter vor dir hast. Bei den Kohlweißlingen ist das anders. Hier lassen sich zwei größere Falter von mehreren kleineren deutlich unterscheiden. Die beiden größeren interessieren sich füreinander, aber kaum für die anderen kleineren. Es handelt sich um Männchen und Weibchen des Großen Kohlweißlings. Beide haben eine dunkle Vorderflügelspitze, aber das etwas größere Weibchen hat außerdem zwei dunkle, rundliche Flecken im Vorderflügel.

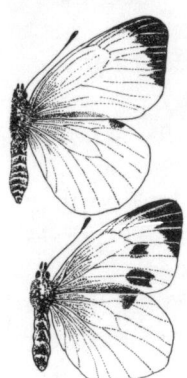 

Links: Großer Kohlweißling, oben Männchen, unten Weibchen; rechts: Kleiner Kohlweißling auf Astern

Ähnliche Unterschiede kannst du bei den kleineren Weißlingen entdecken. Der Kleine Kohlweißling, unser vielleicht häufigster Tagfalter, und der Rapsweißling zählen dazu. Schau dir die Ende April/Anfang Mai fliegenden »Weißlinge« genauer an, dann entdeckst du mit etwas Glück sogar die Weibchen des Aurorafalters darunter. Die moosgrünen Adern auf der Unterseite der Hinterflügel verraten dir, daß sich diese Art unter den Kleinen Kohlweißlingen »versteckte«. Die Männchen sind an ihren wunderschönen orangeroten Flügelspitzen leicht und sicher zu erkennen.

Schnell füllt sich unsere Artenliste. Und bald gelingt es dir ohne Bestimmungsbuch nicht mehr, weiter in die verwirrende Vielfalt der Schmetterlinge einzudringen. Aus dem Angebot guter und reichbebilderter Bestimmungsbücher für Schmetterlinge führen wir einige bewährte auf Seite 65 an. Mit 30 bis 40 Tagfalterarten kannst du rechnen, wenn du dich einen Sommer lang in größeren Gartenanlagen, in einem Wiesental oder am Rande eines Auwaldes regelmäßig nach Faltern umsiehst. Insgesamt kommen in Mitteleuropa über 150 verschiedene Arten von Tagfaltern vor. Manche sind besonders prächtig: Unsere Schillerfalter wetteifern mit tropischen Arten im Blauglanz ihrer Flügel; knallgelb ist das Männchen des Zitronenfalters, der zu den ersten Schmetterlingen gehört, die im Frühjahr fliegen. Himmelblaue oder purpurfarbene Flügel finden wir bei den Bläulingen, flammend orangerote bei den Feuerfaltern. Samtschwarz mit gelber Saumbinde präsentiert sich einer unserer größten Tagfalter, der Trauermantel; und ein schwarzes Gitternetzwerk überzieht die gelben Flügel des sehr schnell fliegenden, gewandten Schwalbenschwanzes. Alle nur erdenklichen Farben und Formen scheint die Natur im Kleid der Falter durchzuspielen. Wie kommen diese auffallenden Farben und Muster zustande?

Das Farbgeheimnis der Schmetterlinge

Schmetterlinge lassen sich schon mit ein wenig Geduld und Mühe gut beobachten. Wenn du ein kleines Fernglas mit schwacher Vergrößerung benutzt (6fach), kannst du sie in Ruhe aus einem Abstand betrachten, der in der Regel außerhalb ihrer Fluchtdistanz liegt. Du brauchst dann nicht störend in ihr Leben einzugreifen.

Doch das Geheimnis ihrer Farben verraten sie dir dabei nicht. Um einen Falterflügel unter die Lupe zu bekommen, müßtest du den Schmetterling vorsichtig festhalten, ohne dabei Druck auf seinen empfindlichen Körper auszuüben. Wie aber kommst du zu

Kleiner Fuchs am Kellerfenster im März. Der überwinterte Falter zeigt weiße Flecken, wo er Schuppen verlor.

einem Schmetterling, ohne ihn zu verletzen oder zu töten? Am leichtesten findest du im Vorfrühling Falter in deiner Reichweite. Kleiner Fuchs und Tagpfauenauge zum Beispiel überwintern als Falter oft in Häusern, z. B. auf Dachböden oder anderen ungeheizten Räumen. An sonnigen Märztagen kannst du solche Schmetterlinge an Fenstern finden. Sie wollen nach draußen – eine gute Gelegenheit für dich, einen Flügel genau unter der Lupe zu betrachten, bevor du den Falter unversehrt ins Freie entläßt. Es ist übrigens immer nützlich, eine Lupe für Beobachtungen in der Natur bei sich zu tragen.

Die Flügel der Schmetterlinge werden von einem feinen, staubartigen Belag bedeckt, der auch die Farbmuster hervorbringt. Unter stärkerer Vergrößerung erkennst du, daß es sich um Schuppen handelt. Ein Tip: Drehe dein Fernglas um, dann kannst du eine Seite als starke Lupe benutzen. Viel besser eignet sich natürlich das Mikroskop in der Schule. Mit diesem Gerät kannst du schon anhand kleinster Staubspuren, die selbst bei zarter Berührung eines Schmetterlingsflügels auf deinen Fingern zurückbleiben, erkennen: Die Schuppen sind feine, länglich-ovale Gebilde. Farbstoffe, die im Innern dieser staubfeinen Schuppen abgelagert sind, geben den Faltern die Farben. Die geordnete Verteilung der einzelnen Farbschuppen ergibt dann die Muster. Im »Auge« des Pfauenauges erkennst du diese bewunderungswürdige Anordnung ganz genau. Hier liegen auf engem Raum die verschiedensten Farbschuppen eng nebeneinander und bilden das so täuschend echt wirkende Augenmuster. Wie kommt es aber, daß sich bei manchen Faltern die Farben plötzlich verändern? Das Himmelblau der Schillerfalter leuchtet mit einemmal auf und verschwindet schon bei einer leichten Veränderung der Flügelstellung wieder. Hier handelt es sich um etwas anderes. Die Schillerschuppen haben nämlich keine blauen Farbstoffe, sondern einen feinen, luftgefüllten Hohlraum. Das auftreffende Licht bricht sich daran und strahlt nur zum Teil zurück – nämlich mit seinem Blauanteil. Diese Schillerfarben sind von höchster Reinheit. Sie kommen auch an Chitinpanzern von Käfern oder an Vogelfedern vor. Ändert sich der Lichteinfall, verschwindet das Schillern. Die Schillerfarben entstehen also durch eine Lichtbrechung, nicht durch Farbstoffe.

Leben bei Tag und Nacht

Verwirrend und schön ist die Vielfalt der Schmetterlinge, die sich an Sonnentagen zeigt. Die Falter gaukeln über blumenreichen Wiesen, naschen am Nektar bestimmter Blumenarten oder sonnen sich nach Regentagen. Schmetterlinge sind wahre Sonnenkinder. Schon eine kleine Wolke, die sich vor die Sonne schiebt, veranlaßt sie zur Landung. Sie vermeiden es auch zu fliegen, wenn der Wind stark auffrischt. Am frühen Morgen findest du sie klamm von der Kühle der Nacht und voller Tautropfen an den

Pflanzen hängen, wo sie die Stunden der Dunkelheit verbracht haben. Mit höhersteigender Sonne erwachen sie zum Leben. Sie machen sich auf den Weg von Blüte zu Blüte. Mit unstetem Gaukelflug weichen sie geschickt den Vögeln aus, die sie zu fangen versuchen. Die langsamen Kohlweißlinge brauchen sich allerdings nicht sonderlich in acht zu nehmen. Ein Giftstoff schützt sie weitgehend vor dem Gefressenwerden. Mit ihrem auffallenden Weiß warnen sie die Singvögel vor ihrem schlechten Geschmack. Andere tagfliegende Arten, wie die zu den Widderchen zählenden Blutströpfchen, sind regelrecht giftig. Vögel, die sie einmal versucht haben, wenden sich mit Ekel von ihnen ab und werden sie in Zukunft nicht mehr belästigen. Nicht durch Gift oder schlechten Geschmack geschützte Arten versuchen, durch reißenden Flug oder geschicktes Ausnutzen von Deckung ihren Feinden zu entkommen.

Aber noch etwas anderes bedroht die zarten Körper der Tagfalter: die Sonnenwärme selbst. Einerseits brauchen sie Sonne, um sich aufzuwärmen, andererseits entzieht ihnen die Sonne lebensnotwendige Feuchtigkeit. Die Tagfalter müssen daher bei anhaltend trockenem und heißem Wetter viel trinken, um am Leben zu bleiben. Nektar allein reicht dann nicht mehr aus. Wasserpfützen – oder Schmetterlingstränken – können ihnen das Überleben sichern.

Aktionstip 1:
Stelle an heißen Sommertagen flache Wasserschalen zum Trinken für Schmetterlinge und andere Insekten auf. Ein ins Wasser gelegtes Blütenbüschel erhöht die Anziehung dieser »Tankstelle«. Auch für die Vögel eures Gartens solltest du solche Tränken anlegen; aber Vögel bevorzugen dafür schattige Plätze an geschützten Stellen. Wo Katzen gehalten werden oder jagen, sollte die Vogeltränke besser frei liegen und keine Deckung zum Anschleichen bieten. Viele Katzen springen nach Faltern.

Aktionstip 2: ▷ *Blumenwiese aus der Samentüte*
Suche nach Möglichkeiten, in Gärten und auf Grundstücken Pflanzen anzubauen, die Schmetterlingen Nahrung geben. Das können einjährige (Sommerblumen) oder mehrjährige (Pflanzenstauden und Gehölze) sein. Unsere Liste gibt Beispiele für Raupen-Futterpflanzen. Besonders geeignet ist der Sommerflieder (Buddleia).

Aktionstip 3:
Erhalte Brennesselhorste (Pflanzengruppen) im Garten als Lebensraum für die Raupen der Brennessel-Schmetterlinge. Solche Kleinbestände dürfen den ganzen Sommer über nicht gemäht werden. Siehe Bild Seite 19 oben.

Aktionstip 4:
Trage dazu bei, daß ein Rasen zur Blumenwiese wird; eine Aufgabe, die Geduld erfordert. Die Tagfalter brauchen solche Blumenwiesen, weil ihnen die Wiesen draußen in der Flur keinen geeigneten Platz zum Leben mehr bieten. Die landwirtschaftlich genutzten Wiesen sind in der Regel stark gedüngt. Sie erzeugen als Wirtschaftswiesen Futter für das Vieh, aber kaum noch Futterpflanzen für die Schmetterlinge. Ein Wiesenstück so zu pflegen, daß sich die naturnahe, bunte Vielfalt heimischer Wildblumen wieder einstellt und beständig bleibt, erfordert
a) das Einverständnis des Grundeigentümers; b) jahrelange Betreuung, Geduld und fachliches Wissen; c) die Bereitschaft einer Gruppe, Arbeit und Verantwortung zu übernehmen. Schülergruppen unter der Führung eines Lehrers oder Naturschutzgruppen unter fachlicher Anleitung eines Naturschutzverbandes können sich dieser Aufgabe widmen. Sprich mit deinem Lehrer, wo es solche Gruppen gibt und wie man zu ihnen gelangen kann. Vielleicht kannst du selbst eine Arbeitsgruppe der Aktion Ameise gründen, die sich ein solches Ziel setzt. Suche Verbindung mit Ortsgruppen der Jugendorganisationen. (Adresse im Anhang!)

Raupen-Futterpflanzen	Schmetterlingsarten
Brennesseln	Tagpfauenauge, Kleiner Fuchs, Admiral, Landkärtchen, C-Falter, Schönbär
Distelarten	Distelfalter
Karotte, Wilde Möhre	Schwalbenschwanz
Schlehe	Segelfalter, Nierenfleck
Wiesenschaumkraut	Aurorafalter
Faulbaum	Zitronenfalter
Salweide	Großer Schillerfalter, Trauermantel Kleiner Schillerfalter
Espe (Zitterpappel)	Großer Eisvogel, Trauermantel
Heckenkirsche	Kleiner Eisvogel
Stachel- und Johannisbeeren	C-Falter (Weißes C), Stachelbeerspanner
Flockenblume	Großer Scheckenfalter
Spitzwegerich	Gemeiner Scheckenfalter
Stiefmütterchen und andere Veilchenarten	
Eichenbüsche	Großer und Kleiner Perlmutterfalter
Ampferarten	Eichenzipfelfalter
Hornklee und Kronwicken	Feuerfalterarten, Grünwidderchen
Gräser von Trocken- und Magerrasen	Bläulingsarten, Gemeines Blutströpfchen
Birkengebüsch	viele Tagfalterarten Birkenspinner
Liguster	Ligusterschwärmer
Linden	Lindenschwärmer
Weidenarten	Abendpfauenauge
Knautie, Taubenskabiose	Skabiosenschwärmer
Nachtkerzen	Nachtkerzenschwärmer Taubenschwänzchen,
Labkraut	Labkrautschwärmer, Mittlerer und Kleiner Weinschwärmer
Schwarzpappel	Hornissenschwärmer

Liguster

Pflanzen, die für Schmetterlinge Nektar liefern *(Bilder Seite 30)*

Sommerflieder (Buddleia)	Tabak
Phlox	Gartennelken
Seifenkraut	Minzenarten
Geißblatt	Kohl- und Kratzdisteln
Blutweiderich	Skabiosen
Wolliger Schneeball	Rotklee und andere Kleearten

△ Wilde Möhre ▽ Espe   △ Salweide ▽ Birke

△ Geißblatt ▽ Kohldistel   △ Gartennelken ▽ Rotklee

30

Die 5 wichtigsten Schritte zur Anlage und Pflege einer naturnahen Blumenwiese:

1. Einen Standort ab etwa 4 m² suchen oder festlegen, der für mehrere Jahre Blumenwiese bleiben kann.
2. Nie düngen. Nur reine Aushuberde kann anfangs eine dünne Humusschicht bekommen.
3. Höchstens zweimal im Jahr mähen, am besten nur einmal im Herbst. Mähgut nicht liegenlassen.
4. Wenn gesät oder gepflanzt wird, sind vor allem standortgerechte Wildpflanzen zu berücksichtigen. Ausnahme: Schmetterlingsstrauch (Buddleia). Seine Blüten nähren die Falter vieler Schmetterlingsarten.
5. Eine »Schmetterlingswiese« darf nicht ständig betreten, bespielt oder anderweitig so genutzt werden, daß die Blütenentfaltung darunter leidet.

Pfauenauge und Kleiner Fuchs auf dem Blütenstand eines Buddleia-Strauches

Schon lange vor Sonnenuntergang haben die Tagfalter ihre Schlafplätze aufgesucht und sich zur Ruhe begeben. Mit der hereinbrechenden Nacht ist das Treiben dieser zarten Geschöpfe zu Ende gegangen. Aber jetzt wird eine andere, tagsüber verborgene Schmetterlingswelt erst richtig lebendig! »Die Motten fliegen ums Licht«, sagen die Leute, wenn in warmen Sommernächten zahllose Insekten das Licht der Straßenlaternen umkreisen. Tatsächlich sind sehr viele Schmetterlinge darunter, viel mehr, als man sich erträumt. Es gibt rund zwanzigmal so viele Nachtschmetterlingsarten wie Tagfalter! Über 3000 verschiedene Arten leben allein in Mitteleuropa, und in den Tropen sind es noch viel, viel mehr. Manche Arten erreichen größere Spannweiten als kleine Vögel. Die größten unserer heimischen Nachtfalter sind der Totenkopfschwärmer, der gern Honig saugt und dabei mitunter sogar in Bienenstöcke eindringt, und der Windenschwärmer, der in pfeilschnellem Schwirrflug durch die Nacht schießt. Ihre Heimat ist der subtropische Raum. In günstigen Jahren fliegen sie aus dem Mittelmeergebiet bis nach Nordeuropa, um sich dort fortzupflanzen. Zu den Schwärmern gehört auch das Taubenschwänzchen, das entgegen der Regel seiner Verwandtschaft nicht nur nachts, sondern auch am Tage fliegt.

Weinschwärmer vor Nachtnelke

Wie ein winziger Kolibri »steht« es vor den Blüten in der Luft und saugt mit lang vorgestrecktem Rüssel den Nektar. Die Blüten von Phlox und Seifenkraut ziehen es besonders an, oft von weither.

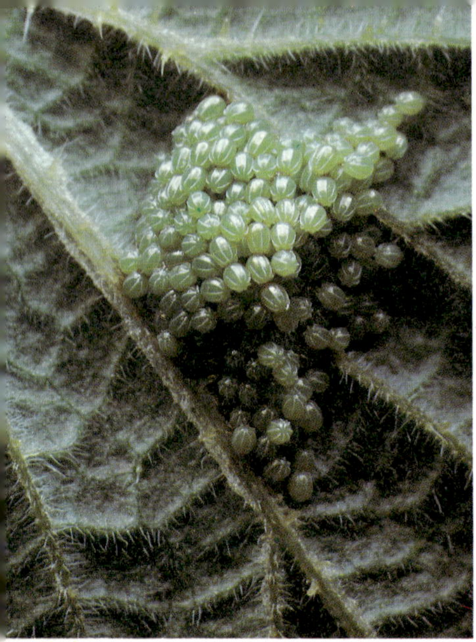
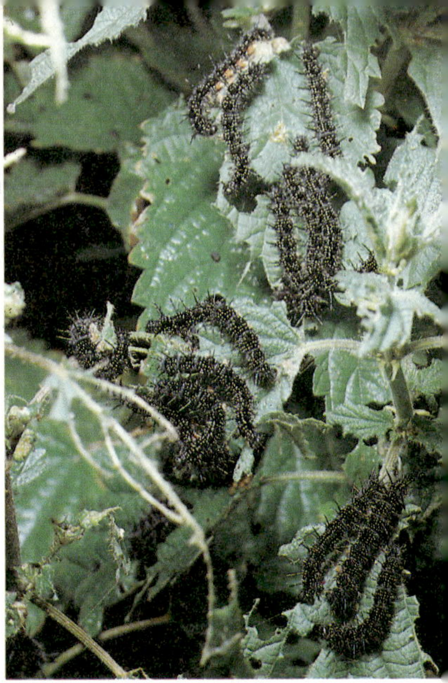

1 2

Pfauenauge: Eier auf Brennessel (1), Raupe (2),

3 4

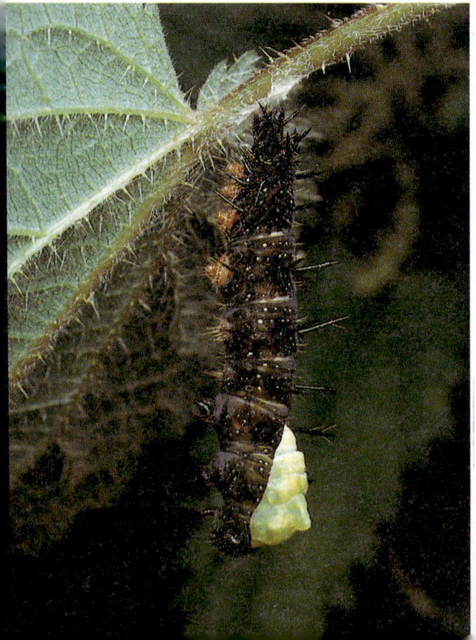
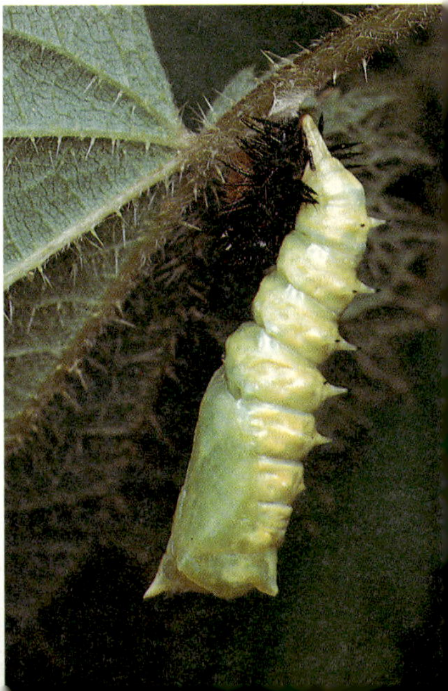

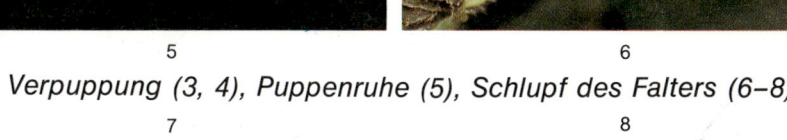

5   6

Verpuppung (3, 4), Puppenruhe (5), Schlupf des Falters (6–8)

7   8

△ Schwalbenschwanz   ▽ Trauermantel auf Salweide
◁ Paarung von Kleinschmetterlingen der Familie Zünsler

Das Schachbrett kommt in Süddeutschland örtlich häufig vor. Die nur nachts fressenden Raupen leben an Gräsern.

Verhält man sich ruhig, kann der Falter zutraulich werden, wie hier auf Rechen, Schuh und Hand in einer Mähwiese.

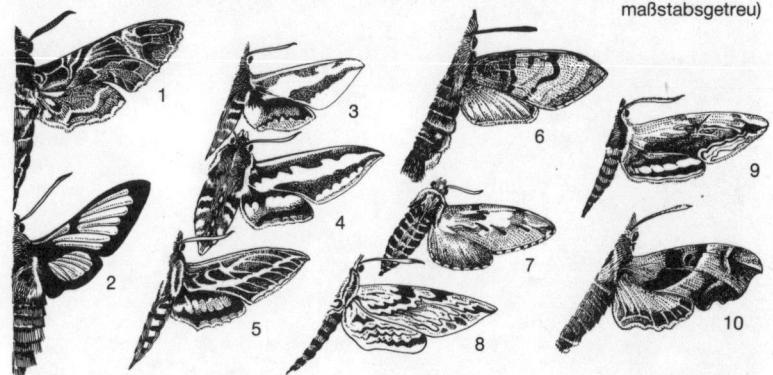

◁ Distelfalter auf Zinnien

Schwärmer: 1 Oleander-, 2 Hummel-, 3 Wolfsmilch-, 4 Labkraut-, 5 Linien-, 7 Kiefern-, 8 Winden-, 9 Liguster-, 10 Nachtkerzenschwärmer, 6 Taubenschwänzchen (Größen nicht maßstabsgetreu)

Werden die Schwärmer-Arten noch nach Dutzenden gezählt, so gehen die Zahlen der Arten bei anderen Nachtfaltergruppen in die Hunderte. Die beiden artenreichsten sind – abgesehen von den Kleinschmetterlingen – die Eulenfalter und die Spanner. Mit wenigen Ausnahmen fliegen sie alle nachts. Die hohe Luftfeuchtigkeit der Nachtstunden verhindert das Austrocknen der empfindlichen Arten, so daß auch die feinsten und kleinsten unserer Falter, die Kleinschmetterlinge, vorwiegend nachts aktiv sind.

Einen weiteren wichtigen Vorteil bietet die Nacht: Die meisten Freßfeinde sehen dann nicht mehr oder nicht mehr gut genug. Viele Nachtfalterarten sind daher so gefärbt, daß sie sich am Tage in ihrer Ruhestellung den Blicken hungriger Vögel entziehen. Auf ihren Flügeln finden wir Rindenmuster oder Zeichnungen, welche die Körperform gegen ihre Umgebung optimal auflösen. Oft tragen dann die in Ruhe zugedeckten Hinterflügel grelle Warnfarben. Wird ein solcher Schmetterling aufgestöbert, zeigt er schlagartig seine leuchtend roten oder gelben Hinterflügel. Die Sekunde der Verwirrung beim Verfolger nutzt er aus, um blitzschnell zu verschwinden.

Nachtfalter: △ Messing-Eule, ein häufiger Eulenfalter, dessen Raupen auch auf Brennesseln leben können. ▽ Mondvogel, ein Zahnspinner – seine Tarnfärbung ahmt Rinden nach.

Doch einem Feind können auch die Nachtfalter nicht entgehen: den Fledermäusen. Diese fliegenden Insektenfresser entwickelten ein so hochempfindliches Ultraschall-Orientierungssystem, daß sie mit ihren für das menschliche Ohr unhörbaren Schreien die fliegenden Schmetterlinge selbst bei völliger Finsternis orten können. Das Echo, das von den Faltern zurückkommt, verrät den Fledermäusen genau, wohin sie sich wenden müssen, um ihre Beute zu schnappen. Absolute Sicherheit gibt es in der Natur weder für die Jäger noch für die Gejagten. Seit Millionen von Jahren jagen Fledermäuse Nachtschmetterlinge. Aber nie gefährdeten sie deren Fortbestand. So standen die Schmetterlinge in immerwährendem Wettlauf und Gleichgewicht mit ihren Feinden – bis einer auf den Plan trat, gegen den sie völlig machtlos sind: der Mensch.

Kleines Nachtpfauenauge

Der Falterkalender: Frühlingsboten

Der Föhn bringt die ersten vorfrühlingshaft warmen Tage im Alpenvorland. Der Schnee schmilzt. Durch die weiße Decke haben sich gerade die Märzenbecher geschoben und ihre Blüten geöffnet. Da gaukelt ein gelbes »Blatt« durch die Aue, mal mit dem Wind, mal gegen ihn: Der erste Zitronenfalter ist aus seiner Winterstarre erwacht. Ungeschützt vor Frost und Schnee hatte er wie tot irgendwo im Gebüsch gehangen. Im letzten Sommer nahm er seinen Ruheplatz ein, wartete den Herbst ab, dann den Winter. Und jetzt fliegt unser Überlebenskünstler unverzagt zu den ersten Blüten des Jahres.

Sein Leben als Falter dauert ungewöhnlich lange: bis zu 10 Monate! Er war im Hochsommer aus der Puppe geschlüpft und wird sich erst jetzt, im zeitigen Frühjahr, fortpflanzen. Die Männchen sind zitronengelb, die Weibchen viel blasser und leicht mit einem Großen Kohlweißling zu verwechseln, wenn man nicht genau hinschaut.

Wenig später erscheint als nächster Tagfalter der Kleine Fuchs. Oft fliegt er schon in den letzten warmen Februartagen, mit Sicherheit aber im März. Auch dieser Falter hat überwintert, und zwar in Mauerritzen, auf Dachböden oder unter Rinde.

Als dritter Frühlingsbote taucht das Tagpfauenauge auf. Es versucht besonders häufig im Schutz von Gebäuden zu überwintern. Wenn du einen solchen Falter im Herbst oder Winter entdeckst, darfst du ihn nicht in die warme Wohnung mitnehmen. Er wird in der Wärme munter und verbraucht dann zuviel von seinem Energievorrat. Suche ihm ein kühles, frostfreies Quartier. Solche Schmetterlinge, die im Falterstadium überwintern, finden draußen im Freien immer weniger Unterschlupf, weil wir die Natur viel zu sauber aufräumen. Wichtige Schlupfwinkel, z. B. in abgestorbenen Bäumen, gehen so den Tieren verloren. Was bleibt ihnen anderes übrig, als in Häusern Schutz vor der Winterkälte zu suchen?

Aber auch hier bieten moderne, fugenlose Bauten den Tieren weit weniger Möglichkeiten, als das bei Scheunen und Häusern alter Bauart der Fall war.

Mit fortschreitendem Frühling kommen immer mehr Falter hervor. Bald sind auch solche unter ihnen, die als Puppe überwintert haben.

Aktionstip 5:
Lege dir einen Falterkalender an, und trage darin jährlich ein, wann und wo du welche Falterart zum erstenmal im Jahr beobachten konntest. Mehrere Jahrgänge solcher Aufzeichnungen geben, wenn sie sorgfältig geführt wurden, Aufschluß über Vorkommen, Häufigkeit und Bestandsschwankungen von Schmetterlingen in deiner Umgebung.

Frost- und Schneespanner

Der Zitronenfalter war nicht der erste Schmetterling des Jahres! Vor ihm erwachten schon andere Falter zum Leben: noch im Winter die Frostspanner. Im Spätherbst sind sie die letzten fliegenden Schmetterlinge. Ihre Hauptflugzeit beginnt, wenn die ersten Nachtfröste übers Land gezogen sind. In nebligen Novembernächten geistern sie dann durch die Gärten und verirren sich bisweilen an erleuchtete Fensterscheiben. Ihre Weibchen tragen keine Flügel. Nur die Männchen können fliegen. In den kalten Novembernächten lauert ihnen kein Feind mehr auf. Mit schwachem, gaukelndem Flug suchen sie nach den Weibchen und begatten sie. Diese legen ihre Eier irgendwo an den Stämmen und Ästen der Obstbäume ab. Im Frühjahr schlüpfen die winzig kleinen Raupen gerade rechtzeitig zum Laubausbruch. Bei der Wahl des Futters sind sie nicht empfindlich. Sie nehmen alles, was irgendwie nach jungen, frischen Blättern schmeckt. Jeder Wind trägt sie auf langen, selbstgesponnenen Seidenfäden durch die Luft in die Baumkronen, wo sie Futter finden.

Die Weibchen brauchen also gar nicht zu fliegen, um geeignete Stellen für ihre Eier zu suchen.

Einige Frostspannerarten fliegen im Frühjahr, darunter auch der Schneespanner. Sein dick bepelzter Körper weist auf die unwirtlichen Temperaturen seiner Flugzeit hin. Diese Falter mit »Wintermantel« sind die wirklich ersten Schmetterlinge des Jahres. Nur fallen sie aufgrund ihrer nächtlichen Lebensweise kaum auf.

Über den Winter

Für die Schmetterlinge ist der Winter die kritische Jahreszeit. Auch die Frostspanner müssen sich vor dem eigentlichen Winter schützen. Bei Frost erstarrt alles Falterleben. Dennoch schaffen es die heimischen Arten, heil über den Winter zu kommen. Sie nutzen dazu vier Möglichkeiten: Entweder überwintern die Eier, die Raupen, die Puppen oder die Schmetterlinge.

Für alle diese Möglichkeiten gibt es erfolgreiche Beispiele. Das Leben ist erfinderisch! Je nachdem, ob Eier, Raupen, Puppen oder Falter überwintern, gestaltet sich der Lebensrhythmus der Arten das Jahr über recht unterschiedlich. Arten, die im Falterstadium überwintern, pflanzen sich im zeitigen Frühjahr fort. Sie legen erst Eier, wenn die Raupen anderer Arten schon fressen, weil dieses Stadium überwintert hatte. Heranwachsen der Raupen, Puppenruhe und Eientwicklung brauchen aber Zeit. So kommt es, daß sich die verschiedenen Arten im Jahreslauf zu ganz unterschiedlichen Zeiten zeigen. Manche fliegen nur im Juni, andere im Hochsommer, wieder andere in zwei oder drei Generationen – die Vielfalt ist groß.

Die meisten Arten fliegen im Juli. Das ist der Monat des reichhaltigsten Falterlebens. In Auwäldern, an Stellen, an denen viele verschiedene Arten vorkommen, können in einer schwülwarmen, gewittrigen Julinacht bis an 200 verschiedene Schmetterlingsarten fliegen.

Zum August hin nehmen die Falterzahlen schnell wieder ab. Im Spätsommer und Herbst fliegen nur etwa so viele verschiedene Arten wie im Frühjahr und Frühsommer. So schließt sich der Kreislauf des Falterjahres, das, wie gesagt, im Juli seinen Höhepunkt erreicht.

Mit zarten Flügeln über die Alpen

Nicht alle Schmetterlingsarten leben dauerhaft bei uns. Manche findet man nur in bestimmten Jahren. Sie sind Zuwanderer aus dem Süden, die nur dann in nennenswerter Anzahl kommen, wenn die Witterung günstig verläuft.

So kann der schöne und in manchen Jahren recht häufige Admiral unseren Winter in keinem seiner Stadien überstehen. Auch der nicht minder schöne Distelfalter überlebt die kalte Jahreszeit bei uns nicht. Selbst der robusteste von allen, der riesenhafte Totenkopfschwärmer, erliegt der Kälte. Viele seiner Puppen gehen im Herbst, wenn die ersten Nachfröste einsetzen, zugrunde.

Dennoch bleiben diese Arten nicht aus. Sie kommen immer wieder. Lange Zeit war es unbekannt, wie diese Schmetterlinge den Winter »umgehen«. Heute wissen wir, daß sich diese Wanderfalter ähnlich verhalten wie unsere Zugvögel. Sie fliegen im Frühjahr oder Frühsommer aus den frostfreien Gebieten des Mittelmeerraumes (bis aus Nordafrika!) 1000 bis 2000 km weit nach Norden. Auf diesem Gewaltflug überqueren sie die Alpen und manchmal auch das Mittelmeer. Man kann sich kaum vorstellen, daß die zarten, zerbrechlichen Flügel diese Strapazen aushalten. Tatsächlich sind die Falter ziemlich ramponiert, wenn sie in Mitteleuropa ankommen! Einen Distelfalter erkennt man nach der Wanderung kaum mehr, so viele seiner Schuppen hat er bereits verloren. Aber der Flug lohnt sich, denn nördlich der Alpen wird es nicht so heiß, daß im Sommer die Futterpflanzen verdorren! Im Gegenteil, hier wachsen sie besonders gut.

Die Wanderfalter legen ihre Eier an den für sie geeigneten Pflanzen ab. Beim Admiral sind dies die Brennesseln, beim Totenkopfschwärmer ist es das Kartoffelkraut. Andere Arten bevorzugen andere Pflanzen. Die heranwachsenden Raupen finden zumeist Futter in Hülle und Fülle. Wenn alles gutgeht und

Bilder vom Totenkopfschwärmer. Die Raupen leben auf Kartoffelpflanzen und graben sich zur Verpuppung in den Boden ein (1, 2). Die lederartige Puppe liegt in einem Erdkokon, auf Bild 3 aufgebrochen. Der bis zu 9 Gramm schwere Falter schlüpft unter der Erde und arbeitet sich ans Tageslicht (4).

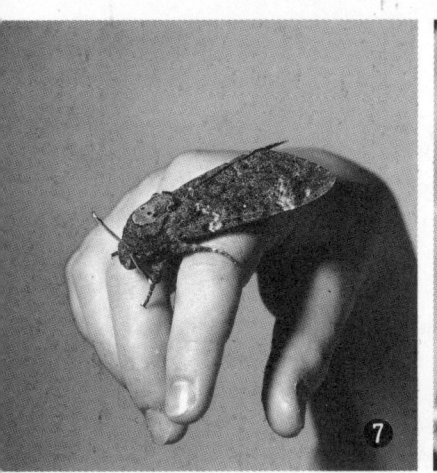

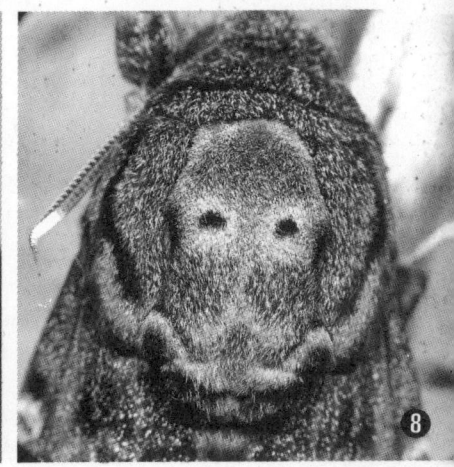

49

der Sommer nicht zu naßkalt wird, schaffen sie es, sich so rechtzeitig zu verpuppen, daß die Falter zum richtigen Termin schlüpfen – zum passenden Zeitpunkt für den Rückflug in den Süden.

Die echten Wanderfalter, wie die Admiräle oder die Distelfalter, beginnen den Rückflug im Hochsommer. Besonders im August sind viele von ihnen unterwegs. Aber die Reise kann bis in den September, mitunter sogar bis Oktober hinausgezögert werden, wenn der Zuflug im Frühjahr erst spät stattfand. Dann haben sie große Schwierigkeiten, die Paßhöhen noch zu überwinden, bevor es zu kalt wird.

Sind solche Wanderfalter unterwegs, so erkennt man sie leicht an ihrem zielstrebigen, genau auf eine bestimmte Richtung festgelegten Flug. Ohne zu zögern überfliegen sie höhere Gebäude oder breite Gewässer. Von Blumen am Wegesrand lassen sie sich nicht ablenken. Nur der betörende Duft faulender Äpfel und Birnen bremst ihren Drang nach Süden. Hier naschen vor allem Admiräle und Distelfalter sehr gerne, wenn sie ihre Herbstwanderung angetreten haben.

Falterschwärme

An Bergpässen erlebt man mitunter ein eindrucksvolles Schauspiel: Hunderte, ja Tausende von Schmetterlingen kommen wie eine Wolke an und versuchen den Paß zu überfliegen. Wenn in günstigen Jahren Kohlweißlinge sich in Massen vermehrten, brechen sie zu Wanderzügen auf, die jenen der echten Wanderfalter Konkurrenz machen können. Wie Schneeflocken treiben sie im Sommer daher, stauen sich vor Fluß- und Seeufern und rasten im blühenden Klee, bis sie wie auf ein geheimes Kommando hin wieder aufbrechen und weiterziehen. Solche Wanderungen können bis in den Mittelmeerraum führen. Sie werden wahrscheinlich durch Übervermehrung ausgelöst; ähnliche Erscheinungen kennt man auch bei Wirbeltieren.

Dagegen sind Falterschwärme in bunter Zusammensetzung, wie wir sie im Hochsommer an feuchten Stellen in Flußauen finden können, in aller Regel keine Wandergruppen. Der Durst hat sie zusammengeführt. Mit Abklingen der größten Hitze verteilen sie sich wieder.

Falter im Überblick

Die vielen Arten von Schmetterlingen gehören zu einigen wenigen, an der Körper- und Flügelform zumeist gut erkennbaren Gruppen. Die wichtigsten und bei unseren Beobachtungen am meisten auffallenden sind die Tagfalter, die Schwärmer, die Bären, die Spinner, die Widderchen, die Eulen, die Spanner und die Kleinschmetterlinge. Die Zeichnung auf S. 53 zeigt typische Vertreter dieser Gruppen.

Die Tagfalter zeichnen sich durch einen schmalen, schlanken Körper, breitflächige Flügel und lange, dünne Fühler aus, die an der Spitze eine keulenförmige Verdickung tragen. Ihr Flug ist zumeist gaukelnd und relativ langsam. Nur die großen Arten, wie der Segelfalter und der Schwalbenschwanz, können ziemlich rasch fliegen. Wie ihr Name schon sagt, fliegen die Tagfalter am Tage.

Aber nicht alle tagfliegenden Schmetterlinge gehören zu dieser Gruppe. So bilden die auffallend rot und schwarzblau gefärbten Widderchen oder Blutströpfchen eine eigene Familie, die näher mit den Nachtfaltern verwandt ist. Auch die häufigen, gewandt fliegenden Dickkopffalter gehören, strenggenommen, nicht zu den Tagfaltern, obwohl sie am Tage fliegen. Ihr Körper ist deutlich anders als bei den Tagfaltern gebaut. Ihre Fühler unterscheiden sich mit ihrer Hakenspitze ebenfalls von den Keulen der Tagfalter. Am schnellsten und besten, fast schon wie kleine Vögel, fliegen die Schwärmer. Nur ganz wenige der etwa 20 Arten Mitteleuropas treffen wir auch am Tage an; so das Taubenschwänzchen, das besonders in der Abenddämmerung gern an

Blüten von Phlox oder Geißblatt Nektar trinkt. Wie ein Kolibri steht es im Schwirrflug vor den Blüten.

Ganz träge hingegen verhalten sich die am Körper dick bepelzten Bären und Spinner. Sie gehören eng zusammen. Bei den Bären trägt der Körper oft eine auffallende Warnfärbung. Auch die Flügel können Warnmuster aufweisen. Diese Falter schmekken schlecht und werden von den Vögeln gemieden.

Ganz besonders fein und stark verästelt ausgebildete Fühler zeichnen die Männchen der Spinner aus. Ihre Weibchen können sie kilometerweit mit diesen »Antennen« entdecken.

Die Eulenfalter, kurz Eulen genannt, sind typische Nachtfalter. Ihre Vorderflügel zeigen vielfältige Tarnmuster, die diese Falter am Tage vor den Augen der hungrigen Vögel verbergen sollen. Die Hinterflügel sind oft weißlich oder bräunlich ungezeichnet, aber bei einigen Arten tragen sie auffallende gelbe oder rote Bänder. In der Ruhestellung sind sie nicht zu sehen, weil die Eulen ihre Vorderflügel dachartig über den Körper zusammenstellen.

Zart gebaut ist der Körper der Spanner. Er ähnelt dem der Tagfalter, aber die allermeisten Spanner fliegen nachts. Außerdem fehlen ihren Raupen Bauchfüßchen, so daß sie in besonderer Weise »spannerartig« kriechen.

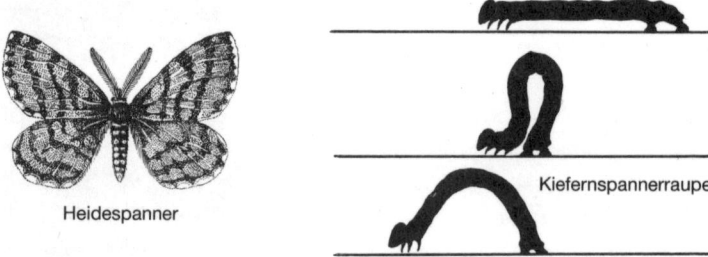

Heidespanner

Kiefernspannerraupe

Sehr vielfältig zeigt sich das Heer der Kleinschmetterlinge. Wir brauchen eine Lupe, um die Schönheit dieser oft winzigen Schmetterlinge überhaupt erkennen zu können.

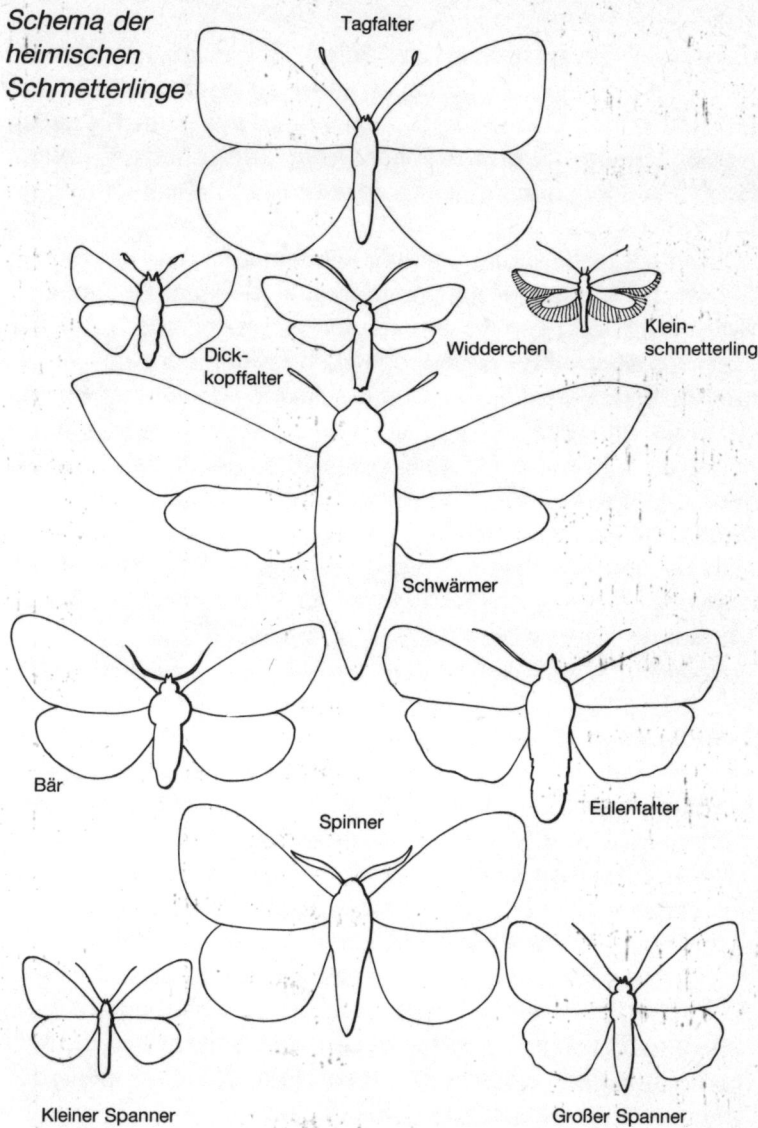

Schema der heimischen Schmetterlinge

Tagfalter

Dickkopffalter

Widderchen

Kleinschmetterling

Schwärmer

Bär

Spinner

Eulenfalter

Kleiner Spanner

Großer Spanner

Herrliche Falter – schädliche Raupen

Kohlweißlinge sind für uns so alltäglich, daß wir uns kaum jemals die Mühe machen, diese Falter näher zu betrachten und die Feinheiten ihrer Färbung und Zeichnung zu studieren. Sie gelten als Schädlinge und sind auch nach dem Naturschutzgesetz vom Schutz ausgenommen, der sonst nahezu allen Schmetterlingsarten zuteil wird.

Das liegt nicht an den Faltern, sondern an ihren Raupen: Sie fressen mit Vorliebe Kohl, und den oft in Mengen. Zu nennenswerten Schäden kommt es dennoch nur ausnahmsweise, weil auch die Kohlweißlinge den regelnden Kräften der Natur unterworfen sind. Parasiten befallen die Raupen, legen ihre Eier an ihnen ab, und nach einiger Zeit bilden sich kleine gelbe Kokons außen an der Raupe. Aus diesen schlüpfen die Parasiten, kleine Wespen, die den Kohlweißlingbestand zumeist recht gut in Schach halten. Auch Bakterien befallen die Raupen, wenn es zu viele werden. Nur selten kommt es zu einer richtigen Massenvermehrung, die wirklich Schäden in der Landwirtschaft oder im Gartenbau verursacht.

Anderen Faltern, wie den gelegentlich für den Hopfen schädlichen Tagpfauenaugen, sieht man den »Schaden« eher nach, weil die Falter so schön sind und weil sie nicht in ähnlichen Massen auftreten wie Kohlweißlinge. Wenn gar einige Schwalbenschwanzraupen statt an den knapp gewordenen Wilden Möhren der Wiesen an den Blättern der Karotten im Garten fressen, sollte man wirklich darüber nachdenken, welch schönen und seltenen Falter man zerstört, wenn man seine Raupen vernichtet. Wilde Möhren sind heute vielerorts so selten, daß den Schwalbenschwänzen gar nichts anderes übrigbleibt, als sich an Karottenkraut zu halten. Magst du nicht auch ein paar Karotten pflanzen? Dir schmecken die Rüben, den Schwalbenschwanzraupen die üppig wachsenden, fiederteiligen Blätter, ohne daß die Pflanzen deswegen zugrunde gehen.

Raupen des Kleinen (oben) und Großen (unten) Kohlweißlings

Schmetterlingsschutz

Vor 30 oder 40 Jahren gab es noch viel mehr Schmetterlinge als heute. Überall gaukelten sie über den Blumenwiesen. Wir Buben konnten damals vom Kohlweißling bis zum Schwalbenschwanz, vom schnellen Segelfalter bis zum zarten Bläuling alle Falter beobachten, die zu einer Sommerwiese gehörten. Heute sind schmetterlingsreiche Wiesen rar geworden. Die moderne Landwirtschaft hat die Falter verdrängt.

Viele Arten sind heute in ihrem Fortbestehen bedroht. Naturschützer verfolgen mit großer Sorge die Entwicklung. Werden die Schmetterlinge aussterben? Sind sie noch zu retten?

Die gefährdeten Arten heimischer Tiere und Pflanzen werden seit einigen Jahren in sogenannten »Roten Listen« geführt. Setzt man eine Art in die »Rote Liste«, so bedeutet das, daß ihr Bestand mehr oder minder bedroht ist. Es gibt verschiedene Stufen, die von wahrscheinlicher Gefährdung bis zur Ausrottung reichen.

Rund ein Drittel aller Schmetterlingsarten muß heute als gefährdet eingestuft werden – eine traurige Bilanz. Zu ihnen zählen viele schöne und eindrucksvolle Arten.

Ein wesentliches Ziel des Schmetterlingsschutzes muß es daher sein, dafür Sorge zu tragen, daß die Roten Listen nicht länger, sondern nach Möglichkeit bald wieder kürzer werden.

Schmetterlinge zählen

Die Vogelkundler zählen Vögel schon lange. Bei vielen Arten wissen sie genau Bescheid, wie es um diese steht. Bedrohten Arten wie etwa den Greifvögeln, den Reihern oder dem Weißstorch, widmen sie ihre besondere Aufmerksamkeit. Sie wissen, wann die Störche zurückzuerwarten sind, wie viele Horste im letzten Jahr besetzt waren und wie viele Junge großgezogen wurden.

Läßt sich so etwas auch bei Schmetterlingen machen? Kann man Falter zählen?

Sicher, warum nicht! Man muß die Arten nur gut genug kennenlernen, um sie im Freiland zu identifizieren. Denn fangen wollen wir die Schmetterlinge natürlich nicht. Daher wählen wir uns Arten aus, die leicht zu erkennen und ohne besondere Ausrüstung zu zählen sind. Am besten eignen sich dafür unsere Tagfalter, zum Beispiel der Schwalbenschwanz, der Zitronenfalter, der Aurorafalter, die Kohlweißlinge (die zählen wir als Gruppe, weil es zu schwierig wäre, die jeweils einzelnen Arten zu unterscheiden), der Kleine Fuchs, der Distelfalter, der Admiral, das Tagpfauenauge, der Trauermantel, das Landkärtchen, die Goldene Acht, vielleicht noch ein häufigerer Bläuling und das Schachbrett, wo es noch vorkommt.

Von diesen Arten kannst du eine Liste aufstellen und Tagebuch führen. Dazu brauchst du bestimmte Zählstrecken oder Zählgebiete, die immer gleich sein müssen, damit du deine Ergebnisse auch richtig vergleichen kannst. Solche Untersuchungsflächen können sein: der eigene Garten, ein Stück Park, eine leicht erreichbare Wiese, ein aufgelassener Bahndamm mit Gebüsch, ein Hochwasserschutzdamm oder ein halber Kilometer Feldweg durch die Feldmark. Auch ein Laubwaldstück, insbesondere ein Auwald, kann sehr ergiebig sein. Dein Zählgebiet muß für dich jederzeit leicht zu erreichen und darf nur so groß sein, daß du es in der dir zur Verfügung stehenden Zeit auch ganz abgehen kannst. Eine Gruppe schafft mehr als ein einzelner, vorausgesetzt, daß alle Mitglieder regelmäßig dabei sind.

Ihr zählt an Tagen mit schönem Wetter, das gute Flugbedingungen für die Schmetterlinge bietet. Pro Monat solltet ihr wenigstens zwei Zählungen durchführen. So gewinnt ihr schon im Laufe eines einzigen Sommers eine gute Übersicht darüber, wo es Schmetterlinge in größerer Häufigkeit gibt und welche Arten in diesem Jahr besonders zahlreich fliegen.

Wer das mehrere Jahre lang mit Sorgfalt macht, wird schließlich die wichtige Frage beantworten können, ob die Tagfalter oder einzelne Arten in einem Gebiet seltener werden.

Die Häufigkeit der Arten schwankt von Jahr zu Jahr recht stark. Wir müssen uns hüten, vorschnell von Zunahme oder Rückgang zu sprechen. Tatsächlich werden unsere Schmetterlinge keineswegs alle seltener. Der Rückgang betrifft vor allem jene Arten, deren Raupen auf Pflanzen angwiesen sind, die auf Magerrasen wachsen. Magerrasen sind die blütenreichen, im Sinne der Landwirtschaft wenig produktiven Wiesen, die es heutzutage kaum mehr gibt, weil sie durch künstliche Düngung zu »Fettwiesen« umgewandelt worden sind. Auf solchen Wiesen wachsen nur noch wenige Arten von Gräsern und Kräutern. Ihre einstige bunte Vielfalt ist dahin. Übrig blieben Löwenzahn und Futtergräser, die für die Schmetterlinge zu wenig bieten. Hingegen nehmen die Bestände der »Brennessel-Liebhaber« (Pfauenauge, Kleiner Fuchs und andere) nicht ab, weil es diese Pflanze immer noch reichlich gibt. Wir wollen es daher genauer wissen: In

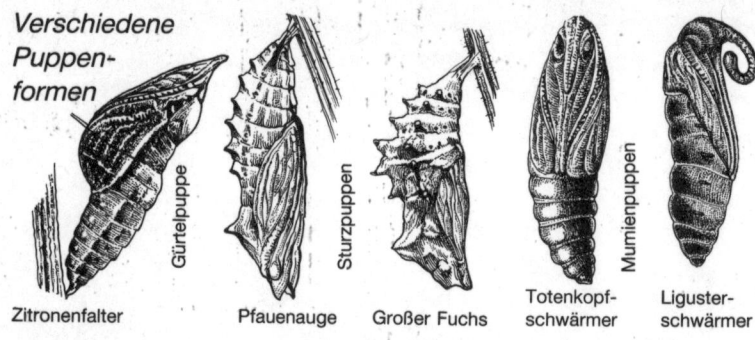

Verschiedene Puppenformen

Zitronenfalter — Gürtelpuppe

Pfauenauge — Sturzpuppen

Großer Fuchs

Totenkopfschwärmer — Mumienpuppen

Ligusterschwärmer

welchen Lebensräumen gehen die Schmetterlinge zurück? Welche Arten werden selten? Kann man etwas dagegen unternehmen?

Schmetterlinge sammeln?

Unsere Falter leben nur kurze Zeit. Oft sind es nur einige Tage, dann hat sich ihr Leben erfüllt. Die Fortpflanzung wurde vollbracht, und die Falter sterben eines natürlichen Todes. Vielleicht hat sie auch ein Vogel erwischt und an seine Jungen verfüttert.

Sollten wir uns da nicht einfach eine Sammlung von Faltern anlegen, damit wir sie immer wieder sicher erkennen und bestimmen können? Außerdem macht es doch Spaß, die schönen Schmetterlinge, wohl geordnet in staubdichten Kästen, zu bewundern! Die Schmetterlingsforscher tun das. Aber glaube nicht, daß man Schmetterlinge töten und auf Nadeln spießen muß, um ein Schmetterlingsforscher zu werden. Früher, als es noch keine guten und preiswerten Bestimmungsbücher gab, war dies für viele Naturfreunde die einzige Möglichkeit, die Vielfalt der Schmetterlinge kennenzulernen. Aber heute stehen uns geeignete Nachschlagewerke (Feldführer) zur Verfügung. Mit ihrer Hilfe kann man die Falter bestimmen. Wer schließlich alle dort aufgeführten Arten wirklich kennt und noch mehr über Schmetterlinge erfahren möchte, sollte sich mit einem naturkundlichen Museum

Trockenrasenfalter

Steppenheide-Bläuling

Ockerbindiger Samtfalter

in Verbindung setzen. Dort lernt er, was man alles beachten muß, um eine Schmetterlingssammlung anzulegen, die nicht nur schön aussieht, sondern auch der Wissenschaft nützt. Denn zum bloßen Vergnügen sollen die Falter nicht umgebracht werden. Dazu sind sie zu schade und heute oft zu selten!

Unsere Freunde, die Vogelkundler, von denen wir viel lernen können, gehen auch mit Fernglas und Notizbuch hinaus. Sie beobachten, vergleichen mit ihrem Bestimmungsbuch und notieren ihre Beobachtungen. Dem Naturschutz hat das sehr viel geholfen. Genau das möchten wir auch für die Schmetterlinge erreichen. Ein echter Freund der Falter beobachtet und studiert sie, tötet sie aber nicht oder nur in wirklich begründeten Ausnahmefällen.

Du kannst auch mit dem Fotoapparat Jagd auf die Falter machen. Das ist zwar nicht leicht und erfordert eine gute Ausrüstung; dafür fliegen die Falter auch nicht so schnell weg wie die Vögel. Mit Geduld und Ausdauer kannst du dir so eine schöne, umfassende Bildersammlung von Schmetterlingen anlegen. Aber vergiß nicht aufzuschreiben, wann und wo du die Falter fotografiert hast. Vielleicht ist ein besonderer Fund darunter, für den sich Schmetterlings-Spezialisten oder die Leute vom Naturschutz interessieren. Es wäre sehr schade, wenn du dann nicht mehr genau wüßtest, wo und wann die Aufnahme entstand.

Schmetterlingen helfen?

Es erfordert viel Mut und vor allem Ausdauer, wirklich zum Schutz der Schmetterlinge beizutragen. Am wichtigsten ist es, zu erreichen, daß wenigstens in deinem eigenen Garten oder den Gärten deiner Freunde keine Insektenvernichtungsmittel (Insektizide) und keine Unkrautbekämpfungsmittel (Herbizide) mehr gespritzt werden. Die Natur regelt ihre Artenbestände am besten selbst. Nur in Ausnahmefällen muß der Mensch eingreifen, um seine Ernte zu schützen. Im Garten soll nicht einfach »vorsorglich« gespritzt werden. Denn das bedeutet meistens, leichtfertig und »sorglos« mit dem Gift umzugehen.

Vielleicht hat deine Gemeinde ein Stück Land, das nicht bewirtschaftet wird – zum Beispiel eine alte Kiesgrube. Du kannst dich, am besten mit einer Gruppe Gleichgesinnter, darum bemühen, daß sie erhalten bleibt und nicht aufgeforstet oder »rekultiviert« wird. Gerade unsere selten gewordenen Schmetterlinge brauchen solche warmen und trockenen Stellen mit nährstoffarmen Böden. Andererseits gibt es Arten, die auf feuchte Lebensräume angewiesen sind. Von den besonders bedrohten Arten fällt ein hoher Anteil auf solche, die in Mooren leben. Dort finden deren Raupen an ganz bestimmten Moorpflanzen ihre Nahrung. Unterstützt Naturschutzgruppen bei ihren Bemühungen, die Moore, Feuchtwiesen oder Altwässer zu erhalten! Dort leben nicht nur Schmetterlinge, sondern auch viele andere gefährdete Tier- und Pflanzenarten.

Schaut euch mal in den Gärten um! Dort wachsen viele Baum- und Straucharten, die ihr draußen im Wald nicht findet. Vielfach handelt es sich um fremdländische, bei uns angesiedelte Arten. Für Schmetterlinge geben sie zumeist keinen Lebensraum ab. Die fremdländischen Schmetterlingsarten, die an diesen Bäumen und Sträuchern in deren Heimat leben würden, gibt es bei uns nicht. Wir sollten uns bemühen, daß wieder mehr heimische Sträucher und Bäume angepflanzt werden. Zum Beispiel Salweiden! Im zeitigen Frühjahr bilden ihre aufgeblühten Kätzchen oft die einzige Bienenweide. Leider wandern noch immer viele abgerissene Kätzchen in die Vasen unbedachter Menschen. Und wer weiß, daß an den Blättern der Salweide später im Jahr die Raupen des seltenen Trauermantels leben?

Auch an vielen anderen heimischen Gehölzen leben Schmetterlingsarten. Am Faulbaum fressen die Raupen des Zitronenfalters, an den Zitterpappeln und an Weidenarten die Raupen vom Großen und Kleinen Schillerfalter, an der Heckenkirsche der Kleine Eisvogel. Alle diese prächtigen Falter bekommt man kaum noch zu Gesicht, weil unsere Wälder und Waldränder zu sauber gehalten werden von Unterwuchsgehölzen. An Birken leben Birkenspinner- und Trauermantelraupen. Die Raupe des reizvollen Brombeer-Zipfelfalters braucht Brombeeren. Wer heimische Sträucher und Bäume in seinem Garten pflegt oder auch nur duldet, hilft den Schmetterlingen, für die Verluste in unseren Wäldern Ersatz zu finden. Nur allzuoft verarmten sie zu Wirtschaftsforsten und Reinkulturen der Fichte.

Schmetterlinge in der Stadt

Am häufigsten zeigen sich Tagfalter noch auf Bergwiesen oder in naturnahen Auwäldern. In der Stadt aber würde man Schmetterlinge wohl kaum vermuten oder suchen.

Weit gefehlt! Schon ein größerer Stadtpark oder eine verwilderte Gartenanlage kann auch inmitten einer Großstadt ein Paradies für Schmetterlinge sein oder werden. Die meisten Arten brauchen gar nicht so viel Lebensraum, wenn dieser ungedüngt bleibt und nicht dauernd durch irgendwelche »Pflegemaßnahmen« gestört und umgestaltet wird.

So leben beispielsweise in einem größeren, parkartigen Innenhof von Schloß Nymphenburg in München wenigstens 300 verschiedene Schmetterlingsarten! Die meisten von ihnen sind Nachtfalter – darunter so schöne Arten wie der Lindenschwärmer oder der zu den Spannern gehörende Nachtschwalbenschwanz. Gründliche, über Jahre durchgeführte Untersuchungen belegten diesen erstaunlich hohen Artenreichtum. Sicher würden sich im ausgedehnten Schloßpark von Nymphenburg noch bedeutend mehr Schmetterlingsarten finden. Auf diesen Grünflächen der Großstadt München wird nicht gedüngt und nur wenig (meist nur einmal jährlich) gemäht. Die Bäume und Sträucher können weitgehend unbeeinflußt heranwachsen. So wurden diese Parkanlagen zu bedeutenden und artenreichen Rückzugsräumen für die Schmetterlinge. Wir sehen dies auch am Vogelreichtum solcher Parks. Im Frühling und Sommer hebt dort frühmorgens ein Gezwitscher an, wie man es kaum mehr irgendwo in einem Wald auf dem Land zu hören bekommt.

Wir brauchen daher die Hoffnung nicht aufzugeben, daß unsere Schmetterlinge überleben werden. Die Chancen stehen noch nicht so schlecht – es lohnt sich, etwas für sie zu tun! Hilf mit!

Wie wird man Schmetterlingsforscher?

Die wissenschaftliche Bezeichnung für die Schmetterlingsforschung lautet »Lepidopterologie«. Das ist ein zungenbrecherischer Name. »Schmetterlingsforscher« finde ich schöner! Das ist jemand, der sich wissenschaftlich mit den Schmetterlingen befaßt. Er muß auf jeden Fall ein Biologe sein, denn die Schmetterlinge gehören wie alle Tiere zum Reich des Lebendigen und damit zur Biologie. Innerhalb dieses großen Reiches zählen die Schmetterlinge zur Klasse der Insekten, der artenreichsten Tiergruppe der Welt. Die Schmetterlinge rechnet man zu den besonders fortschrittlichen Insekten, weil sie im Laufe ihrer Lebensentwicklung eine vollständige Verwandlung durchmachen. Sie tragen vier Flügel und die kennzeichnenden Schuppen, die so unglaublich viele Zeichnungsmuster und so schöne Farben hervorzaubern.

Wer sich also mit dieser Tiergruppe ernsthaft beschäftigen will, muß Biologie studieren und sich auf die Schmetterlinge spezialisieren. Das ist keine leichte, aber eine sehr schöne Aufgabe. Sie kann später zu einem wundervollen Beruf werden.

Aber auch der Laie kann sich ernsthaft wissenschaftlich mit den Schmetterlingen beschäftigen. Wenn er die Arten kennengelernt hat und sich in die vorhandene wissenschaftliche Literatur einarbeitet, kann er durchaus Wichtiges zur Kenntnis der Schmetterlinge beitragen. Die meisten Laienforscher interessierten sich schon in ihrer Jugend für Schmetterlinge. Aus dem anfänglichen Hobby wurde dann eine ernsthafte, oft lebenslange Beschäftigung, die von Wissenschaftlern hoch geschätzt wird.

Viele Lebensgeheimnisse der Schmetterlinge sind noch unerforscht. Erst von wenigen Arten kennt man die Lebensweise wirklich genau. Jeder, der sich intensiv mit Schmetterlingen beschäftigt, kann auch heute noch interessante und für ihren Schutz wichtige Entdeckungen machen.

Apollofalter

Adressen

BUND-Jugend Jugendorganisation im
Bund für Umwelt und Naturschutz
Deutschland e. V.
In der Raste 2
5300 Bonn 1

DBV-Jugend – Jugendorganisation im
Deutschen Bund für Vogelschutz/
Deutscher Naturschutzverband e. V.
Königssträßle 74
7000 Stuttgart-Degerloch

LBV-Jugend
Jugend im Landesbund für
Vogelschutz in Bayern e. V.
Verband für Arten- und
Biotopschutz
8543 Hilpoltstein

Bund der Pfadfinderinnen und
Pfadfinder e. V. (BdP)
Marburger Str. 85a
6300 Gießen

Die genannten Organisationen gehören dem Beirat der Aktion Ameise an. Sie bieten Mitgliedschaft und Mitarbeit in Jugendgruppen, die Teilnahme an Seminaren, Freizeit- und Ferienprogrammen, Informationsschriften. Erfragt dort die euch nächstgelegenen Anschriften.

Referat Artenschutz
(Dr. Klaus Richarz)
Regierung von Oberbayern
Maximilianstr. 39
8000 München 22

Deutsche Forschungszentrale
für Schmetterlingswanderungen
Humboldtstr. 13
8671 Marktleuten

Max-Himmelheber-Stiftung
(Ökologische Arbeitsblätter
Nr. 1 Schmetterlinge)
7292 Baiersbronn

*Dickkopffalter
auf Rotklee*

Bücher und Schriften, die euch weiterhelfen

Bestimmungsbücher für Schmetterlinge:

Dierl, W.: **Schmetterlinge.** BLV, München 1981

Harz, K./Wittstadt, H.: **Wanderfalter.** Ziemsen-Verlag, Wittenberg 1957 (Neue Brehm-Bücherei, Bd. 191)

Higgins, L. G./Riley, N. D.: **Die Tagfalter Europas und Nordwestafrikas.** Parey, Hamburg 1971

Koch, M.: **Wir bestimmen Schmetterlinge.** Verlag J. Neumann-Neudamm, Melsungen 1984

Novak, I./Severa, F.: **Der Kosmos-Schmetterlingsführer.** Franckh'sche Verlagshandlung, Stuttgart 1980

Reichholf-Riehm, H.: **Schmetterlinge.** Mosaik, München 1983 (in der Reihe »Steinbachs Naturführer«)

Schmetterlinge beobachten und züchten:

Friedrich, E.: **Handbuch der Schmetterlingszucht.** Franckh'sche Verlagshandlung, Stuttgart 1975

Reichholf, J.: **Mein Hobby: Schmetterlinge beobachten.** BLV, München 1984

Schmetterlinge schützen:

Blab, J./Kudrna, O.: **Hilfsprogramm für Schmetterlinge.** Kilda-Verlag, Greven 1982

Die ersten siebzehn Bände zur Aktion Ameise:

Michael Lohmann	**Wir tun was für mehr Natur im Garten**
Michael Lohmann	**Wir tun was für Hecken und Feldgehölze**
Richard Podloucky	**Wir tun was für Frösche und Kröten**
Esser/Neumeier	**Wir tun was für die Igel**
Einhard Bezzel	**Wir tun was für unsere Singvögel**
Einhard Bezzel	**Wir tun was für Greifvögel und Eulen**
Heinrich Wiedemann	**Wir tun was für den Wald**
Klaus Richarz	**Wir tun was für unsere Fledermäuse**
Klaus Richarz	**Wir tun was für mehr Natur in Dorf und Stadt**
Gunter Steinbach	**Wir tun was für eine umweltbewußte Lebensweise**
Josef Reichholf	**Wir tun was für die Schmetterlinge**
Josef Reichholf	**Wir tun was für Eidechsen und Schlangen**
Bruno P. Kremer	**Wir tun was für naturnahe Gewässer**
Barbara Veit	**Atomenergie?**
Einhard Bezzel	**Verfehlter Artenschutz**
Klaus Richarz	**Naturschutz verkehrt**
Pröller/Wendler	**Die Natur im Jahreslauf – Tips für draußen (Kalender)**

AKTION AMEISE

will allen jungen Menschen, die sich der Natur in Zuneigung verbunden fühlen, eine Gemeinsamkeit sein. Ihre Mitwirkenden wünschen sich eine friedvolle Zukunft in einer freien Gemeinschaft der Menschen mit allen Lebewesenarten einer freien Natur.

Eine noch schweigende Vielheit von Kindern, Jugendlichen und Erwachsenen trauert über den fortschreitenden Verlust an Natur und Lebensqualität für alle Geschöpfe der Erde. Sie versagt nicht nur der Minderheit kurzsichtiger Macher, sondern auch den gedankenlosen Mitmachern ihre Zustimmung zu noch mehr Naturzerstörung auf Kosten des grünen Mantels unserer Erde, ihres Wassers und ihrer Luft, die dem Menschen einst in Reinheit anvertraut wurden. Viele junge Menschen eifern der Habgier oder der Unbedachtheit eines großen Teiles der Erwachsenenwelt nicht nach. Der Gesinnung und dem Willen dieser Heranwachsenden will die Aktion Ameise Ausdruck geben. Sie bejaht die von Menschen mitgestaltete Natur in ihrer vom Schöpfer gewollten Vielfalt und Freiheit. Die Aktion Ameise ist überparteilich, sie wurde von keiner Institution gegründet, hängt von keiner ab, verfolgt keine gewinnwirtschaftlichen Ziele, vertritt keine Konfession, keine Ideologie und läßt sich von keiner Institution alleinvertreten.

Die Aktion Ameise setzt sich ihre ideellen Ziele selbst. Sie will mit allen Menschen, Gruppen und Institutionen zusammenwirken, welche ihre Ziele im ganzen oder in Teilen unterstützen. Ihr bedeuten alle ähnlich Gesinn-

ten willkommene Partner, Andersdenkende achtenswerte Mitmenschen. Jede Gewaltanwendung gegen Menschen, deren Einrichtungen und Sachen ist mit den Zielen der Aktion Ameise unvereinbar.

Die Aktion Ameise ist eine Gesinnungsgemeinschaft für die Belange der Natur, in der dem Menschen ein wesentlicher Platz eigen ist. Wer die im folgenden aufgeführten 10 Grundsätze für sich persönlich bejaht und für sie aus Einsicht und eigenem Antrieb tätig wird, kann sich als Mitwirkender der Aktion Ameise fühlen. Mitgliedschaften anderer Gruppierungen überschneiden sich nicht mit der Mitwirkschaft bei der Aktion Ameise. Die innerlich auf diese Weise bestimmte, äußerlich formlose Mitwirkschaft bei der Aktion Ameise darf nicht an Mitgliedsbeiträge gebunden werden. Für die Dauer der ausdrücklichen und unterschriftlichen Zustimmung zu den 10 Grundsätzen ist jeder Mitwirkende zum Tragen des Ameisen-Emblems berechtigt. Die Aktion Ameise sucht möglichst viele ehrenamtliche Mitwirkende auf allen Tätigkeitsebenen zu gewinnen, sie erstellt oder veranlaßt ein breitgefächertes Programm von Veröffentlichungen, die jedermann zugänglich und als Publikation der Aktion Ameise kenntlich sind.

Von Herzen eingeladen zum Mitwirken bei der Aktion Ameise sind alle Menschen ohne Ansehen ihres Alters und ihres Platzes in der Gesellschaft, die sich angesprochen fühlen. Ohne EUCH kann es keine Aktion Ameise geben! Gunter Steinbach

Die Grundsätze der AKTION AMEISE

1 Wir schützen Leben,
wo immer uns das möglich ist.

2 Wir sprechen allen Lebewesenarten das Recht
auf Dasein und artgemäße Entfaltung zu.

3 Wir bemühen uns, Natur zu beobachten,
ohne störend einzugreifen.

4 Wir helfen, Lebensräume naturnah zu bewahren,
neue zu schaffen und zu gestalten.

5 Wir achten die Gesinnung, die Arbeit und den
Besitz aller Mitmenschen.

6 Wir achten die Gesetze und verabscheuen jede
Gewaltanwendung gegen Menschen,
deren Einrichtungen und Sachen.

7 Wir lassen uns von Sachkundigen beraten.

8 Wir wollen niemandem unsere Meinung
aufdrängen.

9 Wir helfen uns gegenseitig.

10 Wir wollen durch Toleranz, Geduld, Kenntnis und
gute Beispiele wirken.